PERGUNTAS
DA HISTÓRIA

POEMAS

Denilson de Cássio Silva

PERGUNTAS DA HISTÓRIA

POEMAS

Editora
Labrador

Copyright © 2018 de Denilson de Cássio Silva
Todos os direitos desta edição reservados à Editora Labrador.

Coordenação editorial
Diana Szylit

Projeto gráfico, diagramação e capa
Felipe Rosa

Ilustrações
Anna Brandão

Revisão
Marina Saraiva

CRÉDITOS DAS IMAGENS DE CAPA
Adams Synchronological Chart (1881) / en.wikipedia.org
Bertha Lutz (1925) / pt.wikipedia.org
Cecília Meireles / pt.wikipedia.org
Da Vinci Vitruve Luc Viatour / en.wikipedia.org
Emperor Dom Pedro I (1830) / en.wikipedia.org
Historia-Naturalis-Brasiliae / pt.wikipedia.org
Getulio Vargas (1930) / pt.wikipedia.org
Mapa do Brasil (1922) / pt.wikipedia.org
Portrait Gandhi / en.wikipedia.org
Sargent, John Singer (RA) - Gassed - Google Art Project / en.wikipedia.org

Dados Internacionais de Catalogação na Publicação (CIP)
Andreia de Almeida CRB-8/7889

Silva, Denilson de Cássio
　Perguntas da história : poemas / Denilson de Cássio Silva. -- São Paulo : Labrador, 2018.
　86 p. : il.

ISBN 978-85-93058-99-8

1. Poesias brasileiras 2. Brasil - História I. Título.

18-1034　　　　　　　　　　　　　　　　　　　CDD B869.1

Índices para catálogo sistemático:
1. Poesias brasileiras

EDITORA
Labrador

Editora Labrador
Diretor editorial: Daniel Pinsky
Rua Dr. José Elias, 520 – Alto da Lapa
05083-030 – São Paulo – SP
Telefone: +55 (11) 3641-7446
contato@editoralabrador.com.br
www.editoralabrador.com.br

A reprodução de qualquer parte desta obra é ilegal e configura uma apropriação indevida dos direitos intelectuais e patrimoniais do autor.

Quando de novo vejo o mar
o mar me viu ou não me viu?

Por que me perguntam as ondas
o mesmo que lhes pergunto?

E por que golpeiam a rocha
com tanto entusiasmo perdido?

Não se cansam de repetir
sua declaração à areia?

Pablo Neruda, Livro das perguntas

Nos livros estão os nomes de reis.
Arrastaram eles os blocos de pedra?
Cada página uma vitória.
Quem cozinhava o banquete?
A cada dez anos um grande homem.
Quem pagava a conta?

Tantas histórias.
Tantas questões.

Bertolt Brecht, Perguntas de um trabalhador que lê

Todos os seres humanos nascem livres e iguais em dignidade e direitos. São dotados de razão e consciência e devem agir em relação uns aos outros com espírito de fraternidade.

Artigo 1º da Declaração Universal dos Direitos Humanos

Ai daqueles que fazem leis iníquas e daqueles que redigem sentenças opressivas para impedir a justiça aos pobres e negar direitos aos fracos de meu povo. O que farão vocês no dia do ajuste de contas e da tempestade que virá de longe?

Livro de Isaías 10:1-3

Para Cíntia e João Lucas.

Para todas as pessoas que sonham e lutam por um real Estado Democrático de Direito.

Que história é poesia, não se duvida.
Que a História o seja, muita gente não crê.
Que história é conflito, todo mundo aceita.
Que a História o seja, muitos não concebem.
Cá está: uma História em verso e dúvidas.
Poesia e incertezas.
E só li verdades.
(Para quem?)

PREFÁCIO

Acostumados que estamos com as narrativas históricas – de regra, duras, objetivas e cheias de certezas –, decerto olharemos com estranheza para um livro de História cujo conteúdo central sejam questões sob a forma de versos. Mais estranho ainda pode soar que esse livro se atribua uma função didática, pedagógica mesmo, livro para ser usado (também) em escolas.

Ainda assim, tendo em mãos um livro assim, um leitor de boa vontade pode, quiçá, dizer: "Ah, sim! Poesia histórica... algo como aqueles romances sem compromisso com a do H maiúsculo. Linda ideia". E a boa vontade nos faria um desserviço. Porque, baseada no senso comum de que a História não é ficção, por ser verdade (em oposição à mentira), responde contundente e objetivamente a todas as perguntas que se apresentam.

Essa tal boa vontade não alcançaria a lógica, a um só tempo singela e complexa, com que Denilson de Cássio Silva concebe a História: mais que as certezas, as possibilidades; junto dos fatos, as interpretações; para além das vitórias, os conflitos. Não olhemos este livro, portanto, com "bons olhos". Olhemos com os mesmos "olhos de inteireza" que o professor e pesquisador, amante de literatura em poesia e prosa, usou para provocar-nos, os leitores. Miremos a obra com a estranheza que ela merece. Porque é exatamente isso que ela propõe: que deixemos de lado o medo do estranhamento, que encaremos a História com a atitude interrogativa que permite compreender a complexidade de sua poesia cotidiana, a um só tempo dura e doce.

Em diálogo com interpretações historiográficas não canônicas na literatura didática, as perguntas que aqui se apresentam, *à la* Benjamin, por vezes escovam a história a contrapelo. Narrando fatos de muitos tempos e espaços, autores e sujeitos, os poemas que aqui se leem, *à la* Bloch, cheiram a afeto pela história, pelos homens que a fizeram e a escreveram. Ora a concretude de uma caravela em letras, que navega num mar de incertos projetos, de duvidosas verdades. Ora a plasticidade de uma Cecília em adjetivos, que hasteia bandeiras em territórios alheios.

O que eu desejo, cá do meu ponto de observação de (quase) primeira leitora, é que vocês, leitores de outros pontos, surpreendam-se também. Que encarem seus cenhos franzidos para uma História em perguntas poéticas e permitam-se uma leitura que mais questione que responda. Que deixem-se contagiar pelas interrogações de um Denilson que, *à la* Tom Zé, "tá nos explicando pra nos confundir, tá nos confundindo pra esclarecer". E, assim, "iluminado pra poder cegar", fez versos "cegos", que podem "nos guiar".

Cui bono?
Vos
Nobis
Omnia

Miriam Hermeto

APRESENTAÇÃO

Um livro de poesia ou de história? Um livro de poemas que se historicizam, de histórias que se poetizam? A obra em mãos situa-se no limbo. Inspira-se em Pablo Neruda, mas sem a tônica metafísica do *Livro das perguntas*. Espelha-se em Bertolt Brecht, mas sem se restringir à perspectiva de *Perguntas de um trabalhador que lê*. Foi precedido pela *História do Brasil*, de Murilo Mendes, e pelo *Romanceiro da Inconfidência*, de Cecília Meireles, sem coincidir com a ironia do primeiro nem com o lirismo épico do segundo.

Os textos possuem uma preocupação ética e estética. Incorporam, muitas vezes, revisões historiográficas, baseiam-se em fontes e evidências, desempenham uma função referencial. Entretanto, despem-se da solenidade acadêmica e se abrem para intuições e imaginação, narrativas distantes da pretensão de estabelecer pontos-finais. Visam a difundir o saber histórico, explorar caminhos de ensino-aprendizagem, contribuir para a promoção do espírito crítico e da cidadania.

Posições são tomadas. Os direitos humanos questionam, avançam, recuam, resistem. Nessa clave dialética, o passado se faz presente, o presente se faz passado e os verbos oscilam. Quanto ao futuro, indefinido, um vulto disputado por muitos. Há versos curtos e longos, concentrados e dispersos, com ou sem rima, ritmados por interrogações. A realidade histórica ora se figura, nítida, ora se transfigura, turva. Realidade móvel e imprevisível, plural e contraditória.

Os assuntos e os problemas são múltiplos. Foram escolhidos com base na sensibilidade do escriba e na relevância coletiva. Não pretendem – sequer poderiam – esgotar a totalidade de processos, fatos, abordagens, escalas, personagens possíveis. Almejam, antes, testemunhar uma pequena e importante parte da aventura humana ao longo de tempos e de espaços.

Com o intuito de tornar mais fecundas as diferentes experiências de leitura, os títulos sintetizam temas-problemas, seguem uma ordem cronológica e são precedidos, cada um, por breves informações sobre os fenômenos em pauta. Além disso, as ilustrações articulam-se com os textos escritos, potencializam a comunicação e permitem alargar os significados em jogo.

O livro dirige-se tanto a um público amplo, interessado em degustar os sabores da história, como aos amantes da poesia. Aponta para estudantes de diferentes níveis de ensino, bem como para professoras e professores de diversas áreas. Pode ser apreciado por parentes e amigos e discutido por especialistas. Trata-se, pois, de um convite ao diálogo, ao pensar e ao sentir.

Denilson de Cássio Silva

SUMÁRIO

"PRÉ-HISTÓRIA" 18
ÁFRICA ANTIGA 20
ATENAS "CLÁSSICA" 21
ANTIGA PLEBE ROMANA 22
MESOPOTÂMIA, MESOAMÉRICA 24
CRUZADAS 25
IMPÉRIO DO MALI 26
RENASCIMENTO 28
REFORMAS RELIGIOSAS 29
A VIAGEM DO DESCOBRIMENTO 30
ÍNDIOS ESCRAVIZADOS 31
BANDEIRAS, ENTRADAS, MONÇÕES 33
ASPIRAÇÕES INCONCLUSAS 34
BARROCO 35
REABILITAÇÃO 36
1817 37
REVOLTAS REGENCIAIS 39
GUERRAS DO ÓPIO 40
LONGOS SÉCULOS 41
ABOLIÇÃO 44

MOVIMENTOS REPUBLICANOS 47
PRELÚDIO (GUERRAS MUNDIAIS) 50
REVOLUÇÃO RUSSA 51
BERTHA LUTZ 53
MAHATMA GANDHI 56
GETÚLIO VARGAS 58
CECÍLIA MEIRELES 59
ESCOLA NOVA 61
INTEGRALISTAS 63
ALIANÇA NACIONAL LIBERTADORA (ANL) 65
NELSON MANDELA 66
GUERRA FRIA 68
O GOLPE CIVIL-MILITAR 70
DITADURA MILITAR NO BRASIL (1964-1985) 72
ESTUDANTE 74
MILTON DA ESQUINA 75
CHICO MENDES 77
NEOLIBERALISMO 79
AGRADECIMENTOS 80

> *Homo habilis, Homo erectus, Homo neanderthalensis, Homo sapiens.* Milhares e milhares de anos a.C. A história humana não se iniciou com a escrita.

"PRÉ-HISTÓRIA"

Nômades
coletores,
caçadores
do paleolítico.
Sedentários
produtores,
criadores
do neolítico.

Ágrafos,
ávidos,
prenhes
de memória,
pioneiros

da história?

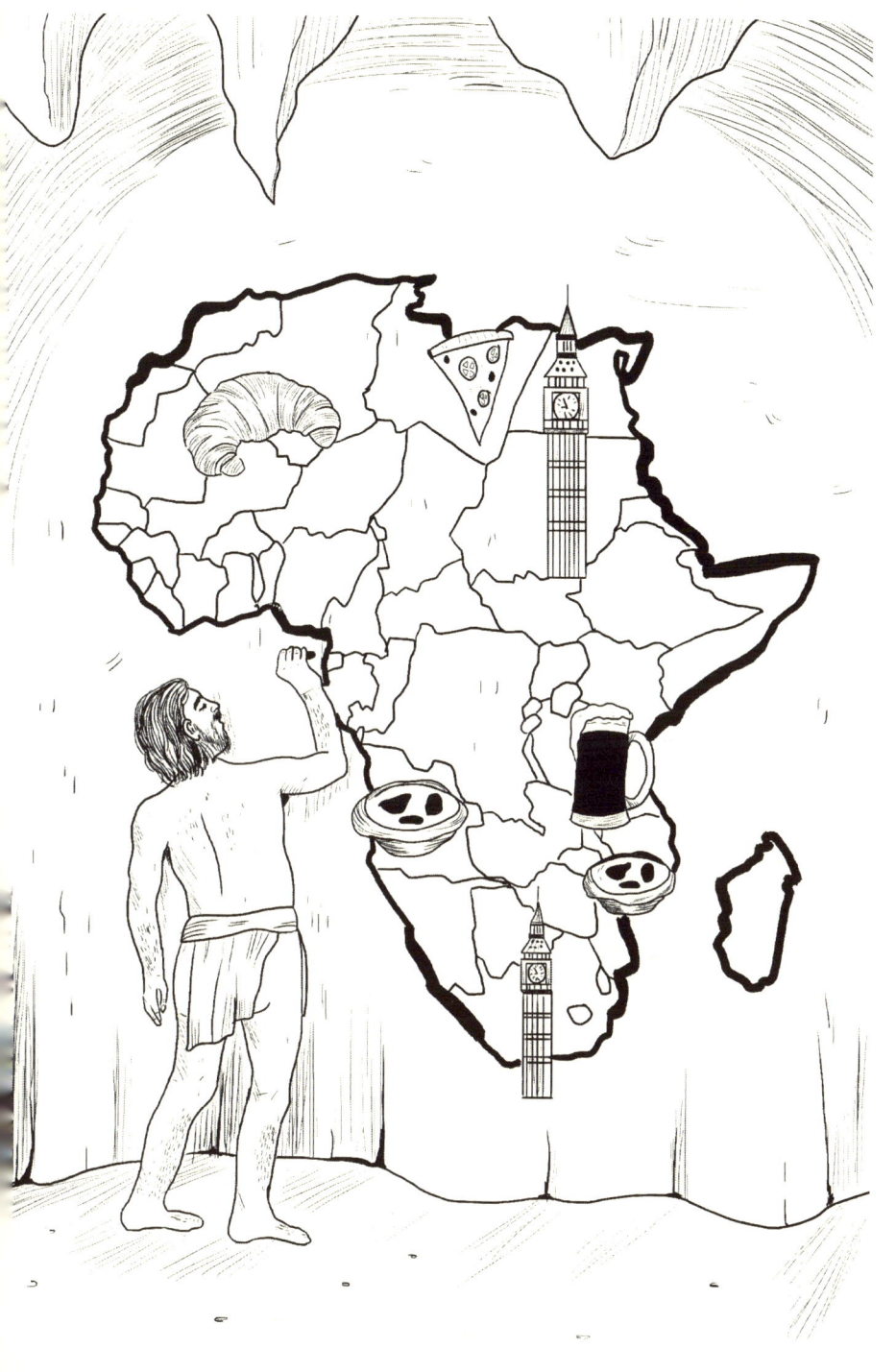

> Desde a Antiguidade, o continente africano abarcou uma miríade de povos e de civilizações, ainda hoje invisíveis para muitos.

ÁFRICA ANTIGA

Egito faraônico,
Império de Kush,
protoberberes
do Magrebe,
civilização de Axum,
cantada Cartago
e outros tantos povos,
feitos, tempos, espaços:

    o continente africano,
    sua história, seus legados,
    até quando

                        ignorados?

> Séculos VI a IV a.C. O esplendor ateniense
> expunha limitações.

ATENAS "CLÁSSICA"

Cidade-estado da Ática,
da palavra democrática,

da arquitetura, da poesia,
dos mitos, dos deuses,

da escultura, da filosofia,
do teatro, de Péricles,

da ciência, das festas,
dos jogos, das músicas,

das populares assembleias,
das diretrizes públicas!

Atenas da acrópole,
ao rés do chão,
mulheres, escravos,
estrangeiros, "bárbaros"...
                            como ficarão?

> Cidade de Roma, séculos V e IV a.C. Em plena República, plebeus lutaram por justiça, e os patrícios transigiram. Foram criadas as Leis das Doze Tábuas.

ANTIGA PLEBE ROMANA

Quieta,
a plebe irrequieta
conquistaria direitos?

Lenta,
a plebe turbulenta
granjearia benefícios?

Ciente,
a plebe impaciente
inerte ficaria?

    Ficamos nós,
    hoje em dia?

> Terra no meio de rios. Terra no meio
> do continente. Tempos e espaços diversos.
> Berços de antigas civilizações.

MESOPOTÂMIA, MESOAMÉRICA

Zigurates de Ur, de Elam.
    Templos de Teotihuacán.

Cuneiforme sistema de escrita.
    Ideogramas, pictografias.

Correntes do Tigre e do Eufrates.
    Lago Texcoco, águas do vale.

Sumérios, babilônios, assírios.
    Olmecas, toltecas, mexicas.

Prováveis analogias milenares?
    Singulares civilizações
            desconhecidas?

Séculos XI a XIII. Cristandade ocidental.
Mentalidade expansionista em movimento.

CRUZADAS

Em nome da fé
territórios
são conquistados,

caminhos sacros,
percorridos,

mares bravios,
desbravados,

mulheres, homens,
de outros juízos,
credos outros,

massacrados?

> África ocidental, séculos XIII ao XVI. Região banhada pelos rios Senegal e Níger. Surgimento e desenvolvimento de um poderoso Estado, mais tarde dominado pelo Império Songai.

IMPÉRIO DO MALI

Mandinga, Mali,
ao sul de Gana,
com ouro cresce.

Império islâmico,
aceito, estável.
Brotam cidades:

Jena, Tombuctu,
saberes, artes,
riquezas muitas.

Malineses, fortes,
sofrem ataques,
se enfraquecem.

Lutas internas,
novas clivagens,
transaarianas.

Em crise, frágeis,
já se escuta
o som do drama:

a queda certa?
Outra potência
marcha, avança?

> Tempo de Da Vinci, de Michelangelo, de Rafael, de Erasmo, de Rabelais, de Montagne, de Shakespeare, de Camões, de Holbein e de outros artistas. Primícias de uma nova visão de mundo. Aurora da modernidade.

RENASCIMENTO

Quais artistas,
filósofos, poetas ou cientistas,
podem do nada recriar
culturas passadas, incólumes?

Quando os mecanismos,
os filtros do presente apagam-se?

Rever gregos, revisitar romanos,
reler hebreus, repensar o humano?

        Modernidade propelida
        por agentes pioneiros?

        Ou novidade tributária
        de mil anos medievos?

> Europa, século XVI. Ocaso da Idade Média.
> Busca por renovação. Disputas fratricidas.

REFORMAS RELIGIOSAS

A cristandade ocidental:
dividida por doutrinas
ou por questão material?

A Igreja "universal"
conservar-se-ia acima
do interesse nacional?

O perdão celestial,
vendido à luz do dia,
não causaria reação?

Quanto ao amor fraternal,
como sobreviveria
em uma guerra infernal?

> Ano de 1500. Mar à vista. Terra à vista.
> De Vera Cruz. Dos Papagaios. Do Brasil.

A VIAGEM DO DESCOBRIMENTO

  Montada a esquadra
   para a Carreira das Índias.
    Frondosa e sólida
    e arriscada expedição
    – em nome de Deus Trino
     ou da ambição manuelina?

      O comandante circula,
      contempla grande
      expectativa.
      O Tejo e Lisboa
      e os castelos medievos
      – ainda estão presentes
      ou foram perdidos de vista?

    A tripulação, variegada,
    em várias tarefas é dividida.
    O piloto, o marinheiro,
    o grumete, o capelão
   – desejam mil aventuras
   ou somente uma nova vida?

A sabida arte de marear já prevê tormentas e calmarias. Os mapas e
  bússolas, astrolábios e quadrantes... – Outra rota foi traçada
   ou o acaso impor-se-ia? Em tempo, deixados para trás o
    Verde Cabo, as Canárias Ilhas. As naus e caravelas
     singraram e sangraram. A sequela qual seria
      de tal insana ousadia?

> Possuidores de vastos saberes etnobotânicos e etnozoológicos. Protagonizaram encontros e choques socioculturais com os que vinham do Velho Mundo.

ÍNDIOS ESCRAVIZADOS

Minados
minguados
miti

    gados.

Resistiram
ao esbulho enfurecido
dos europeus – "civilizados"?

> Final do século XVII, início do XVIII. Da vila de
> São Paulo do Piratininga, outro Brasil vai surgindo
> com suas Minas.

BANDEIRAS, ENTRADAS, MONÇÕES

Quando cruzaram ribeiras, vales e serras,
batizando pinguelas, trilhas, governança,
estavam livres, fartos, seguros na certa,
ou carentes, premidos pelas circunstâncias?

Por que se projetaram além do Planalto,
deixando atrás fazendas, barracos, boticas?
Quais foram as crenças, os contos, os casos,
rumores, sussurros, as muitas notícias?

Ansiavam o quê tais mulatos, caboclos,
mamelucos armados, práticos, descalços?
Encontrar esmeraldas, brilhantes, prata, ouro,

índios mansos, bravos, escravos, agonia?
Como negociou o poderio monárquico
com as tropas pioneiras de Piratininga?

> Século XVIII, o Século das Luzes.
> Seus ideais mudariam o curso da História.

ASPIRAÇÕES INCONCLUSAS

A Revolução Francesa
declarou liberdade,
propôs igualdade,
entoou fraternidade.
    (guilhotinou sem piedade)

Inaugurou
um novo tempo?

Estilo artístico do final do século XVI ao XVIII.
Exuberância. Contrastes. Crenças. Aflições.

BARROCO

Ser barroco,
barroco ser?
Rouco som
de oco louco?
Tolo fogo
de barro tosco?
Cheio vaso
vazio, fosco?
Esboço divino,
pecaminoso?
Luz e trevas,
reza, choro?
Anjos, bestas,
acordo pouco?
Inferno fiel,
céu rigoroso?

Capitania de Minas Gerais. Ano de 1789.
Ideais separatistas e republicanos em circulação.
Trama urdida. Conjuração denunciada
e condenada por crime de lesa-majestade.
A heroificação viria apenas mais tarde.

REABILITAÇÃO

Outrora criminosos
aos olhos da Coroa,
revoltosos de Minas,
cem anos depois
da trama delatada,
saem do esquecimento,
das brumas da condenação,
adentram novo panteão,
a República nascente.
Por que e por quem
lutaram os inconfidentes?

> Ano em que o espírito republicano se levantou.
> Tradição libertária em fervura no Nordeste.

1817

Uma República
proclamada em Recife?
Pernambuco, contra a Corte,
em polvorosa?
Rio de Janeiro, asfixiante,
nova Lisboa?
Ideias francesas,
consciências, resistem?
Igualdade de direitos,
liberdade religiosa,
revolta?
(Divisões intestinas,
escravidão conservada?)

No Brasil por onde anda
a tradição libertária?

liberdade
DIVERSIDADE
igualdade
RESPEITO
DIVER SIDADE
RESPEITO
RESPEITO
LIBER DADE
LIBERDADE

> Brasil, 1831 a 1845. Cabanagem no Pará. Balaiada no Maranhão. Sabinada na Bahia. Farroupilha no Rio Grande do Sul e em Santa Catarina. Levante dos Malês. Revolta de Carrancas. Cabanos de Pernambuco e Alagoas. O país em pauta. E em luta.

REVOLTAS REGENCIAIS

Províncias se agitam,
borbulham revoltas
e o Império balança.

Escravos, camponeses,
fazendeiros, mestiços,
reivindicam liberdade.

Extermínios feitos,
acordos instaurados,
e o Império não cai.

O sangue difundido
será rememorado
por outras gerações?

O imperialismo ocidental invadiu a China no século XIX. Companhias comerciais e financeiras foram montadas para organizar a extração da riqueza e da cultura alheias.

GUERRAS DO ÓPIO

O ópio do povo
é a indiana papoula
ou o banqueiro britânico?

O ópio do povo
é a riqueza da China
ou a entrega dos portos?

O ópio do povo
é a cultura ancestral
ou a nação repartida?

O ópio do povo
é a química louca
ou a sovinice

imperialista?

Séculos XVI e XVII. Modernidade iniciada sob o signo do tráfico negreiro e da escravidão.

LONGOS SÉCULOS

Longos séculos
em que caminhos oceânicos
testemunhavam caravanas
na desértica imensidão líquida.

Longos séculos
em que complexos continentes
ligavam-se entre si, tecendo
metrópoles, colônias, feitorias.

Longos séculos
em que tribos e comunidades,
assoladas por guerras, preações,
eram transformadas em mercadorias.

Longos séculos
em que no bojo dos navios
sobreviviam memórias, símbolos,
crenças, rixas, amizades, línguas.

Longos séculos
em que a dura escravidão
do negro sangue escarlate,
sustentava sociedades cínicas.

L o n g o s   s é c u l o s . . .

                       s
                          e
                    m
                          p
                    i
                          t
                    e
                          r
                    n
                          o
                    s

                    ?

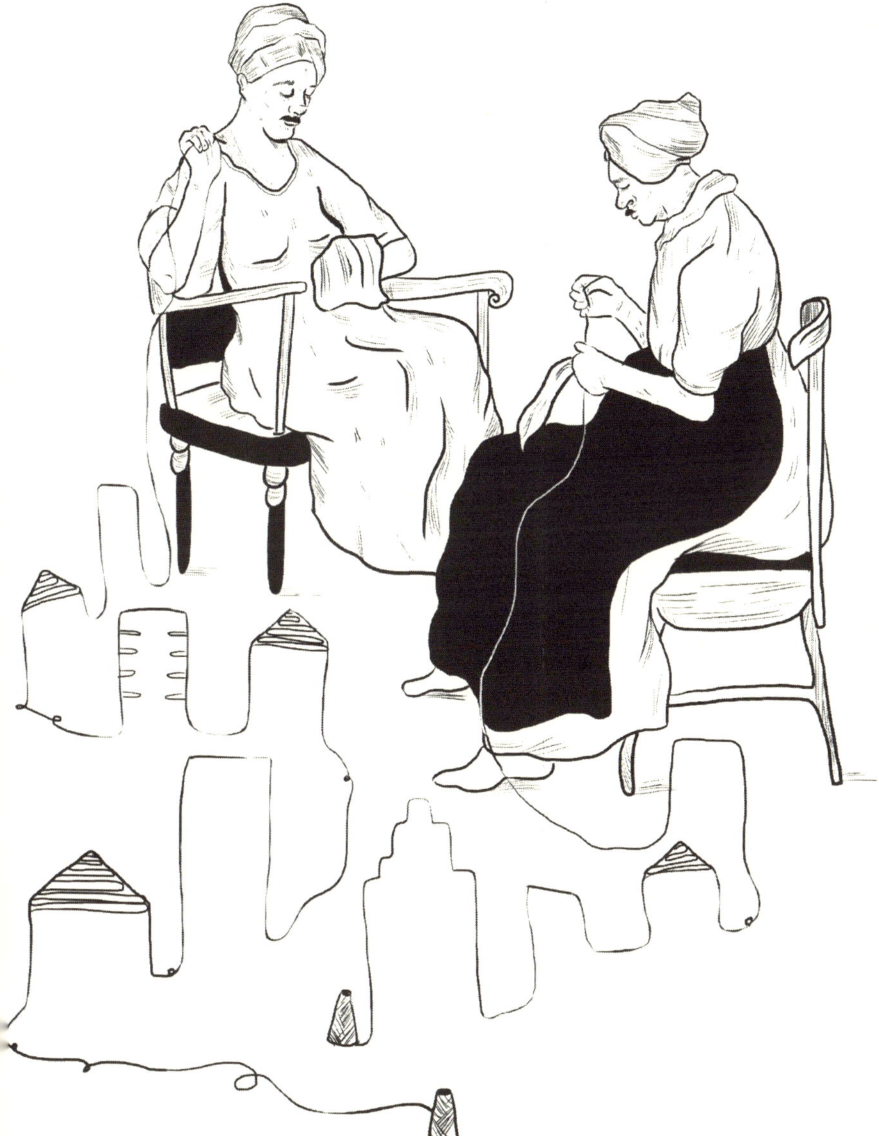

1888. Sob protestos de escravistas encardidos, amplos setores da sociedade brasileira reivindicaram e comemoraram a lei que proibia a escravidão no país. Mudanças importantes. Continuidades nefastas.

ABOLIÇÃO

A escravidão, arraigada,
sucumbe aos tempos
em que se demanda
plena cidadania
e liberdade.

A campanha, extensiva,
avança, aos trancos,
por todos os cantos
do campo, da urbe,
da sociedade.

Os escravos, atentos,
deixam as fazendas
e se reorganizam
em quilombos,
comunidades.

A imprensa, aguerrida,
difunde aspirações,
exercita a crítica,
denuncia a
arbitrariedade.

Leis emancipacionistas,
encarniçam confrontos,
dispostas, debatidas,
causam polêmicas,
contrariedades.

Tribunais, protocolares,
tornam-se arenas
de vivas querelas
entre escravos
e autoridades.

Menção internacional,
tinhoso escravocrata,
retrai-se o Brasil
ante o prenúncio
da modernidade.

Nesse processo, incerto,
a Lei Áurea é sancionada
– uma dádiva da Princesa
ou uma conquista popular?

Transformação verdadeira
ou passado contumaz?

> Final do século XIX, início do XX. Brasil. A República recém-proclamada instaurou um regime político autoritário, excludente, oligárquico, desprovido de republicanismo. Houve, porém, pessoas que deram suas vidas por outros projetos de país.

MOVIMENTOS REPUBLICANOS

Entre cárceres e pensamentos,
muitos elevam-se do silêncio:

Canudos,
Vacina,
Chibata,
Contestado.

Camponeses,
miseráveis,
operários,
explorados.

Continuarão esquecidos

      os sujeitos que lutaram
      com brado retumbante,

os projetos que sonharam
com o sol da liberdade,

os movimentos que visaram
erguer a clava forte

da justiça no Brasil?

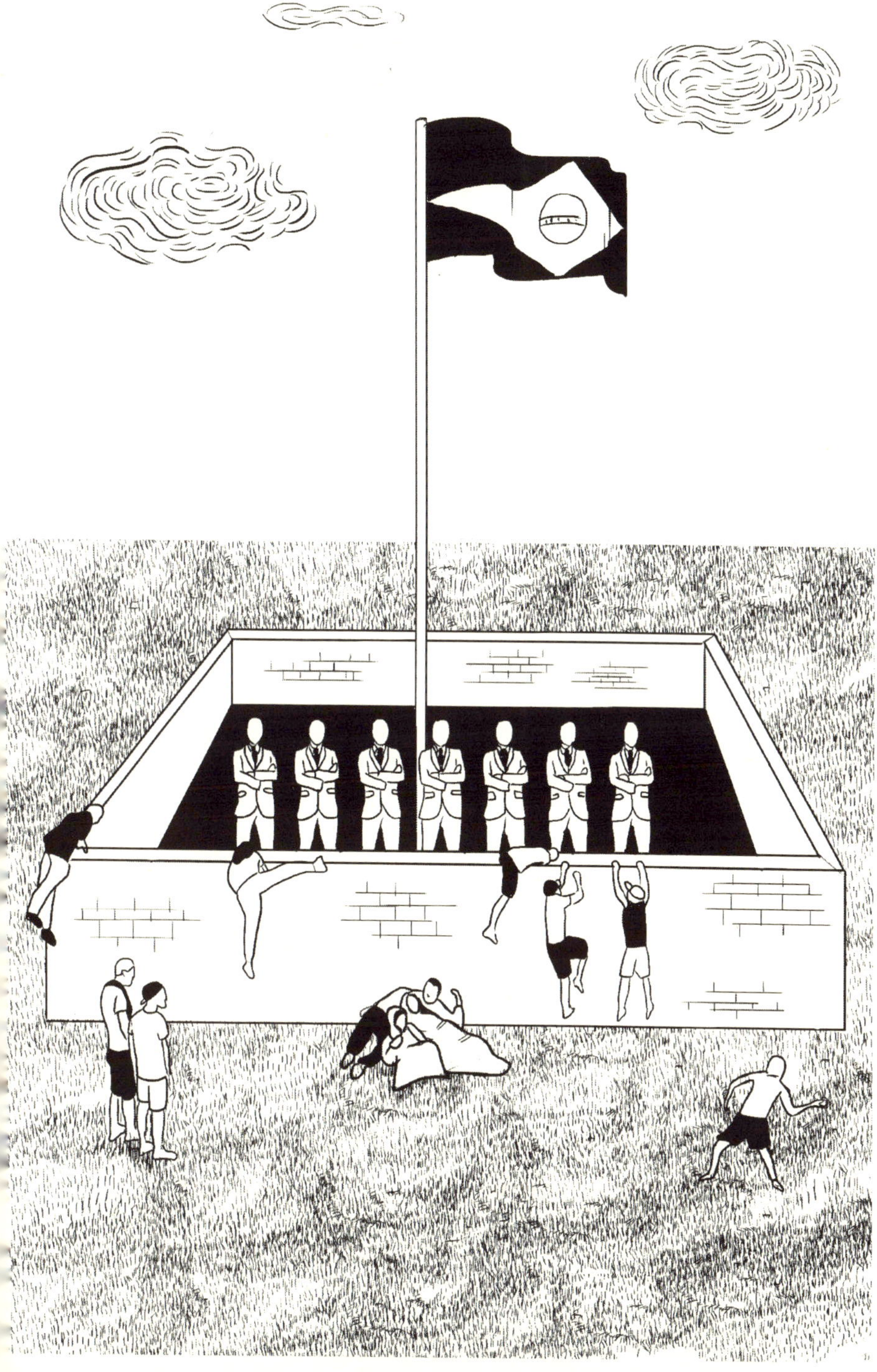

> Catástrofes anunciadas. Da Europa
> para o mundo. 1884-1945.

PRELÚDIO (GUERRAS MUNDIAIS)

Um nacionalismo
chauvinista
tolera diálogo?

Um expansionismo
sem diplomacia
encontra limites?

Um militarismo
ultrabelicista
em que se apoia?

Tanto revanchismo
bem alimentado
o que preconiza?

Quanto ao pacifismo
já atormentado,
uma luta triste?

Mercantes da guerra,
a quem interessa
o apocalipse?

> Educadora, sufragista, intelectual. Liderança
> feminista de proa no Brasil do século XX.

BERTHA LUTZ

Como lutar pelos direitos políticos?
E pelos direitos culturais?
Como lutar pelos direitos civis?
E pelos direitos sociais?
Como lutar pelas mulheres?
Como lutar como mulher?

Se submeter-se é lei de sobrevivência,
se o tempo é de oportunidades vedadas,
se indignar-se é atitude temerária,
se a república é carcomida por oligarcas...

Como encarar a extorsão, o machismo, o engano?
Como extirpar a estupidez, a opressão, o desrespeito?
Como enfrentar o preconceito, o moralismo, o dano?
Como erradicar o medo, a exclusão, o desacerto?

Pelo sufrágio universal,
     artigos, comissões,
por paridade salarial,

congressos, reuniões,
por autonomia intelectual,
ligas, associações...

Bertha Lutz,
a sua luta dura:
Com avanços?
Recuos quais?
A uns assusta?
Muitas querem mais!

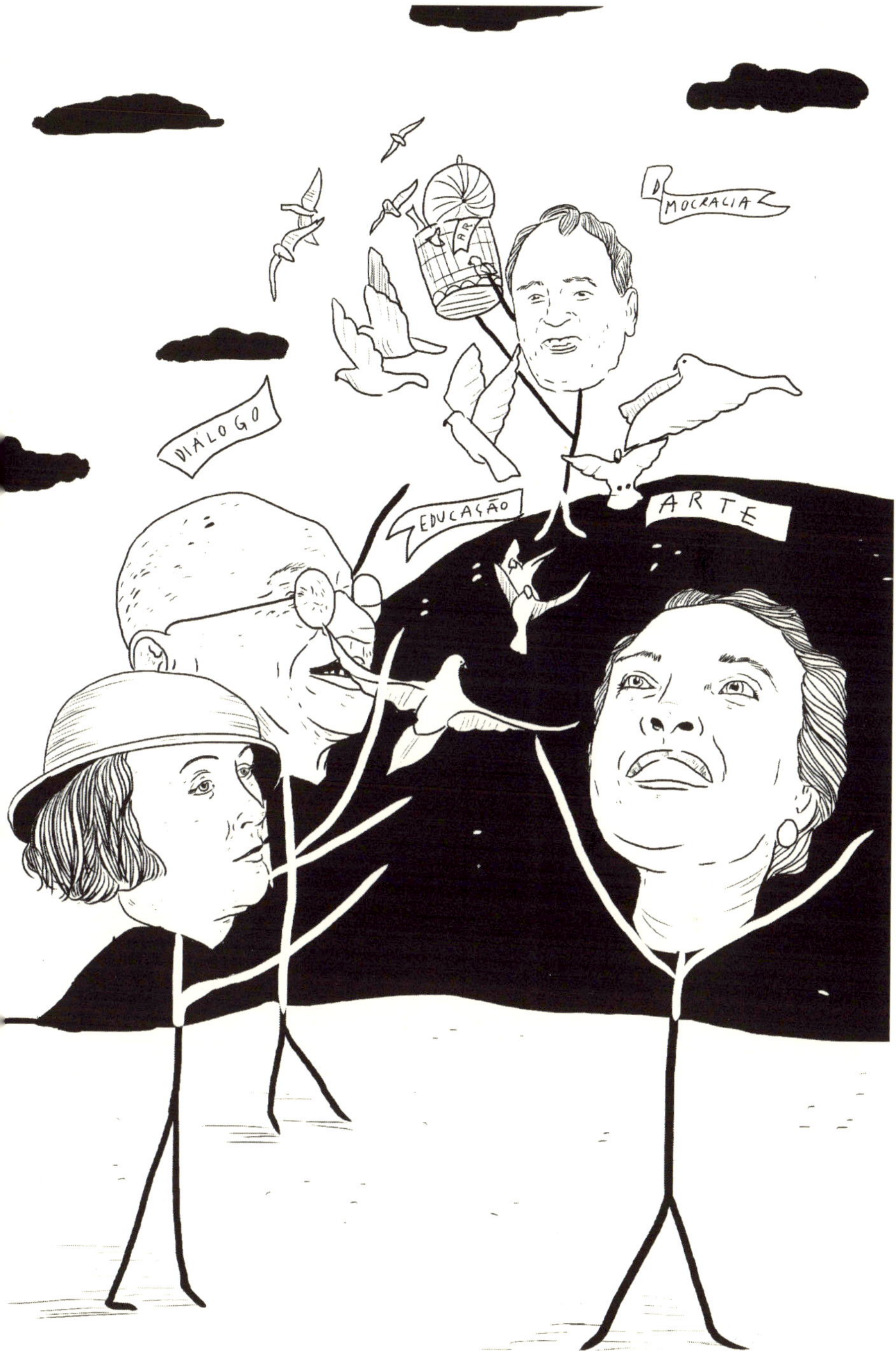

D
MOCRACIA
AR
DIÁLOGO
EDUCAÇÃO
ARTE

> Líder político e espiritual indiano. Praticante da não violência e da desobediência civil. Conduziu seu povo à independência política.

MAHATMA GANDHI

Corpo franzino,
de família nobre,
dos confins da Índia
para o alvoroço londrino,
vai talhando o espírito
no exercício estrito
da advocacia.

Não seria previsível
que mais um indivíduo
passasse à história
como profissional anônimo
de êxito esplêndido?

Na África do Sul,
o *apartheid* embrionário
inflamava consciências,
reclamava resistência,
e o movimento
pôs-se em marcha.

Nas plagas indianas,
multidões
desarticuladas,
empalidecidas
pelo colonialismo,
padeciam sob a clave
infausta da britânica
administração.

Desobediência civil em massa?
Ativa mobilização pacífica?
Desembaraçada recusa
à dominação extrínseca,
à submissão estática?
Postura empapada
pela solar alvorada
da *Ahimsa*, da *Satyagraha*.

Tratava-se da interna
libertação do ser humano
ou, tão somente,
da independência da Índia?

> Uma das mais influentes lideranças políticas do Brasil do século XX. Uma esfinge.

GETÚLIO VARGAS

O revolucionário,
o modernizador,
o constitucional,
o trabalhista,
o patriótico,
o ditador,
o estadista,
o pai dos pobres,
o democrático,
o populista,
o nacionalista,
o conciliador.
O tiro,
o final,
o começo.
Quem foi Getúlio?
Vargas quem foi?

> Pastora de nuvens. Voz modernista singular.
> Pacifista ativa. Humana, indefinível.

CECÍLIA MEIRELES

Lírica
    moderna
mística
    poeta
educadora
    convicta
cronista
    atenta
folclorista
    peregrina
tradutora
    artista
plástica
    jornalista
manifesta
    implícita
autora
    sagaz
humanista
    enérgica

fugaz
    eterna
leitora
    voraz
líquida
    concreta
fronteiriça
    assídua
defensora
    da paz
antagonista
    da guerra?

> Brasil, primeira metade do século XX. Uma nova concepção de educação foi ganhando força. O Manifesto de 1932 marca esse processo, entremeado por adesões entusiasmadas e resistências conservadoras.

ESCOLA NOVA

Uma escola democrática
a quem ameaça?

Uma escola gratuita
por que incomoda?

Uma escola laica
desrespeita alguém?

Uma escola inclusiva
promove o bem?

Uma escola pública
exclui as privadas?

Uma escola mista
abarca a desordem?

Uma escola lúdica
nutre aprendizagens?

Uma escola prática
opõe-se à teoria?

Uma escola nova
a ser construída?

> Década de 1930. A febre fascista acentuou-se no Brasil, abocanhou adeptos e se pôs em marcha.

INTEGRALISTAS

Os camisas verdes:
dos camisas pretas,
paródia tupiniquim?

"Deus, pátria, família":
chamariz fascista,
embuste sem fim?

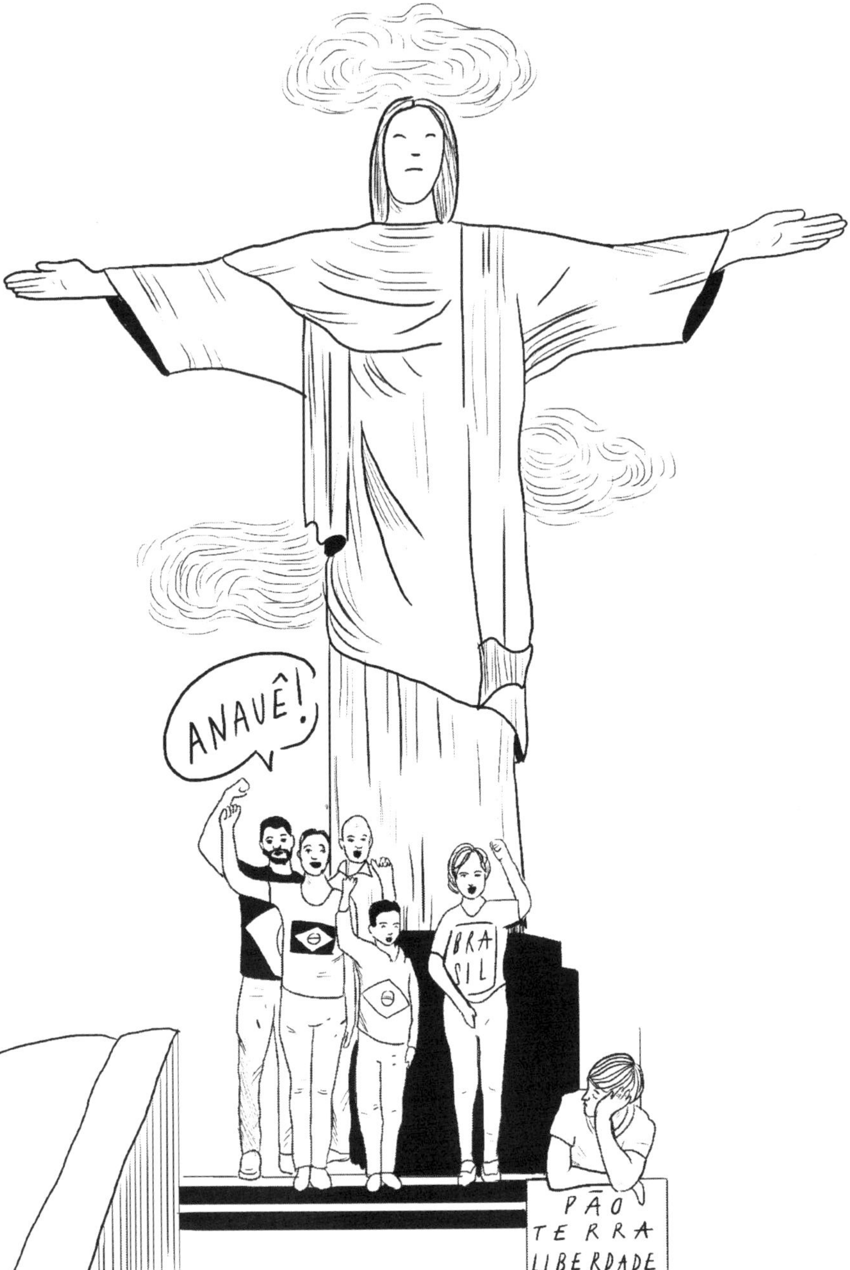
ANAUÊ!
BRASIL
PÃO
TERRA
LIBERDADE

> Brasil, 1935. Formação e ação de uma ampla
> e diversificada frente contra o fascismo.

ALIANÇA NACIONAL LIBERTADORA (ANL)

Uma frente popular,
antifascista, reformista.
Socialistas, democratas,
questão agrária, nacionalistas.
Tenentes, militares,
dívida externa, interrompida.
Comunistas, liberdade,
intelectuais, trabalhadores,
escritores, jornalistas.
Unidos todos,
em torno do rijo
torniquete progressista
para estancar a onda nazi,
a sanha seca dos fascistas.
Do futuro,
o que seria?

> Uma das principais lideranças da luta contra o regime de segregação racial na África do Sul e da viabilidade de reconstrução da nação após a queda do *apartheid*.

NELSON MANDELA

Como pode um negro
da etnia xhosa,
encarcerado por anos,
a mando
de alguns brancos,
fazer-se mais livre
que qualquer ser humano?
Como podem alguns brancos
pretender dominar
um povo inteiro, milenar,
a partir do suplício
de tantas vidas segregadas?

O poder da mente
e do coração do homem
transcendia as grades,
os corredores estreitos,
os quartos austeros,
a insípida alimentação,

a rotina modorrenta,
e quebrava as correntes
e os intentos da opressão.

Uma nação contorcida,
agitada, dividida,
abriria caminhos
à violência desenfreada,
à enraivecida retaliação?

Como apagar ou esquecer
as pessoas massacradas,
as famílias devastadas,
os sonhos destruídos,
as tantas mortes sem razão?

Porém, livre
do ódio,
do rancor,
do racismo,
do cinismo
tétrico,
teceu, intrépido,
uma improvável
reconciliação.

A história escreve-se
inscrevendo-se utopias?

Século XX. Mundo rachado. Paz distante.

GUERRA FRIA

A humanidade, já velha
e tão cansada de explosões,
saindo, exasperada,
de vastas guerras mundiais,
curva-se, atônita,
ante o risco iminente
de uma hecatombe nuclear?

Cisão de Norte a Sul?
Divisão de Leste a Oeste?
Perambulam fantasmas
do capitalismo,
preambulam espectros
do comunismo:
inculcam mentes,
ocupam corações,
escoltam gentes,
espionam aos milhões
– em nome da equidade?
Ou da mesquinha prepotência,
da bipolaridade?

Continentes e países
são retalhados, abrutalhados
por blocos, corridas, muros, cortinas,
por desalinhados alinhamentos
e distensões quebradiças.

      Tantos disparos
           e disparates vários
         para garantir
               a "paz mundial"?

> Março, abril de 1964. Contra as reformas de base, a grande mídia, os donos do capital, os lacerdistas, a Casa Branca, setores das Forças Armadas. Democracia degolada.

O GOLPE CIVIL-MILITAR

Golpeada
a Constituição brasileira.

Eliminada
a vivência da democracia.

Entranhada
a experiência da pobreza.

Amordaçada
a mobilização reformista.

Quem
tomou o poder?

Quem
patrocinou o golpe?

Quem
perdeu ao vencer?

Quem
surrupia, devolve?

> Vinte e um anos. De retrocessos.

DITADURA MILITAR NO BRASIL
(1964-1985)

Necrotério

Ultraje

Nescidade

Corrupção

Autoritarismo

Morte

Atrocidade

Indigência

Sevícia

Até quando?

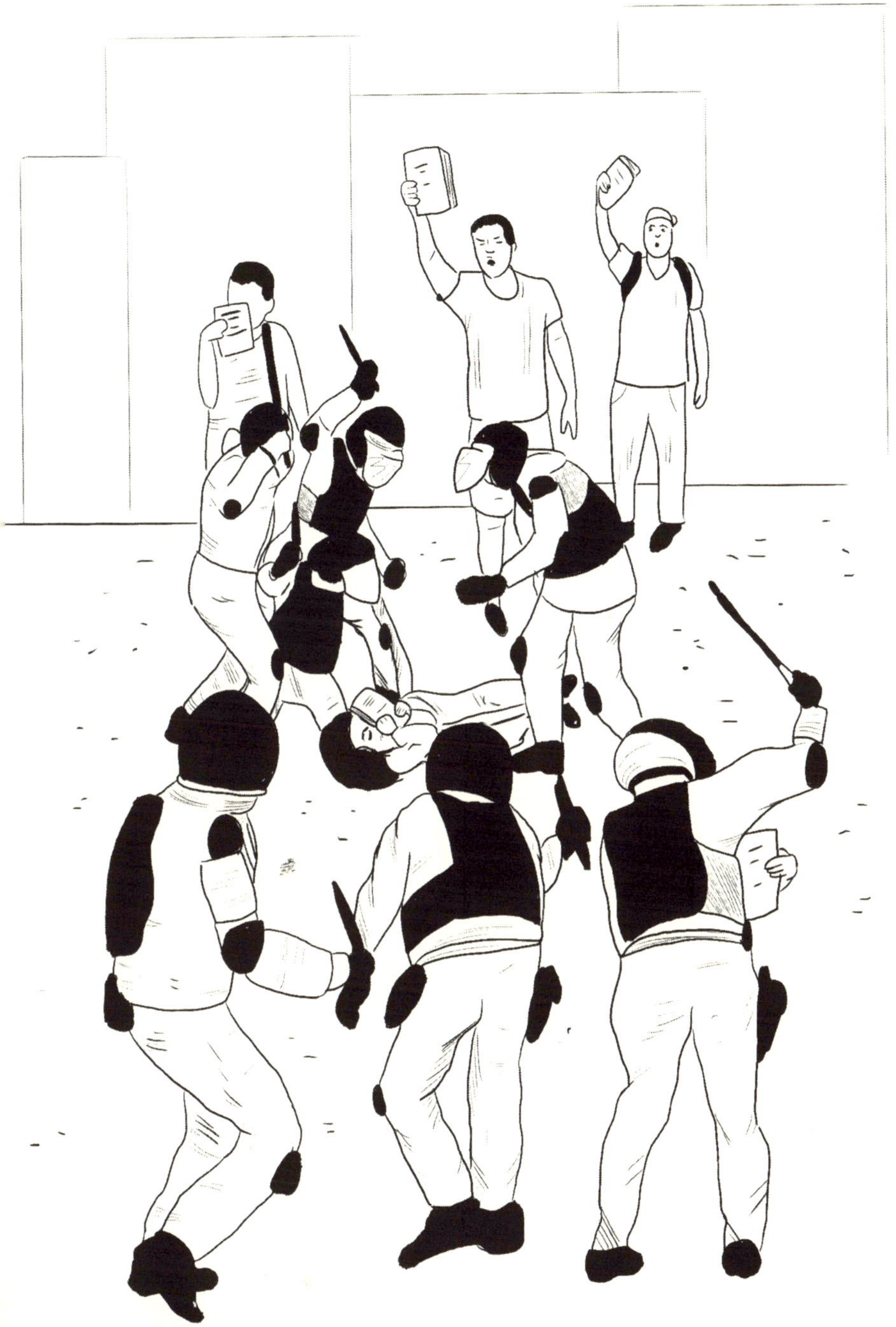

> Anos de 1960. Ordem do dia: rebelar-se.
> Por justiça. Por liberdade. Pela vida.

ESTUDANTE

A pessoa recebe
educação,
se esforça,
estuda,
aprende,
escuta,
compreende,
soergue-se
ante
a miséria,
se compadece
com o povo.

        Enlouquece?
        Subverte-se?

> Das esquinas de Minas para o mundo.
> Anos de 1960-1970.

MILTON DA ESQUINA

Milton louco
Milton doido
Milton montanha
de nascença trem
apito agudo
riscando o ar
ventos de Brant
de mil palavras
teclas de Tiso
ecos ancestrais
boleias etéreas
que não param
de cantar.

Milton doido
Milton louco
Milton mineiro
luso-hispânico
latino-americano
congo jazz bossa
rock batuque mata viva

Guedes, Borges
tantas travessias
Horta, Bastos
peixe caçador cancioneiro
popular.

Clube? Minas?
Milton? Esquina?

> Liderança nos seringais do Norte do Brasil.
> Sindicalista no Acre. Praticante dos "empates",
> estratégia não violenta de defesa da Amazônia.
> Ganhador do Prêmio Global 500 anos das
> Nações Unidas, em 1987.

CHICO MENDES

Na pátina do tempo,
o miolo da floresta
pede trégua, triturado.

Organizam-se ribeirinhos,
motosserras, bloqueadas,
gente simples atropelam.

Chico Mendes, ativista, pacifista,
enraizado extrativista,
mundo afora admirado,
no Brasil, em sua casa,

        é perseguido,
        desprotegido,

                assassinado?

EM MEMÓRIA
DE
PAULO S. NASCIMENTO
EM MEMÓRIA
DE
NILCE DE SOUZA
BHP
EM MEM
DE
MARIANA (MG) - RIO DOCE
2015
VALE
EM MEMÓRIA
DE
MARIELLE FRANCO
JUL 1979
MAR 2018
EM MEMÓRIA
DE
DOROTHY STANG
JUN 1931
FEV 2005
EM MEMÓRIA
DE
CHICO MENDES
DEZ 1944
DEZ 1988

> Ultraconcentração de riqueza, autoritarismo enrustido, falácias, Terra devastada. Perversa exploração de trabalhadoras e de trabalhadores. Séculos XX e XXI.

NEOLIBERALISMO

Mínimo, o Estado.
Sociedade, fantasia.
Tributos, obstáculos.
Educação, mercadoria.
Salário mínimo, atraso.
Saúde, propina.
Democracia, enfado.
Meio ambiente, rapina.
Precarização, trabalho.
Ganância cega, doutrina.
Vida humana, descartável.

Vem a crise, inequívoca.
A quem chamam?
                Ao Estado?

AGRADECIMENTOS

Queremos aprender a falar uns com os outros. Isso significa que não queremos apenas repetir nossa opinião, mas ouvir o que pensa o outro. Não queremos apenas afirmar, mas de uma forma contextualizada refletir, ouvir argumentos, permanecer dispostos a uma nova recepção.

Karl Jaspers, *A questão da culpa*

Uma parcela dos versos que compõem esse livro vem sendo rascunhada há cerca de uma década. Outra significativa parte foi elaborada durante o segundo semestre de 2017. Ao longo desse período, os poemas foram surgindo, de certa maneira, espontaneamente, obedecendo à forma e ao ritmo que cada tema-problema demandava. O fato de o livro vir à tona agora não se deve ao acaso, e se constitui, quero crer, em um ato de resistência à crise institucional e civilizatória que atravessamos em nossa República Federativa do Brasil – e em outras paragens do mundo. Um ato de amor à complexidade da vida e do ser humano: assim gostaria de conceber essa pequena obra.

Numerosas foram as contribuições para a realização do projeto, vindas de pessoas de perto e de longe, de trato cotidiano ou esporádico, comunicativas ou comedidas, todas, sem exceção, muito queridas.

Não será nenhuma surpresa destacar logo meus pais, José Geraldo Silva – que indicou seus poemas prediletos – e Maria Nazaré Silveira Silva – a quem o título da obra chamou a atenção –, meus irmãos Richardson e Cristiane e minha sobrinha Laura.

Este livro é igualmente dedicado a Cíntia e João Lucas, esposa e filho, primeiros leitores e comentadores, que acompanharam, passo a passo, essa odisseia. Esses são os sopros de luz, os pilares para a travessia de vales e planícies, mares e montanhas. Aquiles, Rita, Fabrício, Priscila e Orney também fazem parte desse time.

A todos os (ex) alunos e as (ex) alunas para os quais tive a responsabilidade, a honra e a alegria de lecionar: este livro dirige-se, de modo muito especial, a cada um de vocês, assim como às professoras e aos professores com quem tanto aprendi e pude compartilhar saberes e experiências, e às escolas e universidades pelas quais passei, ora como aluno, ora como docente – Escola Estadual Jaime Ferreira Leite, Universidade Federal de São João del-Rei (UFSJ), Instituto Auxiliadora, Centro de Ensino Abreu Carvalho, Escola Estadual Professor Iago Pimentel, Universidade Federal Fluminense (UFF), Colégio de Aplicação da Universidade Federal de Viçosa (CAp--Coluni UFV), Centro Educacional São Judas Tadeu/Colégio Objetivo, Instituto Presbiteriano Gammon, Admissão Pré--Vestibular e Concursos, Impacto Centro de Ensino, Instituto Federal de Educação, Ciência e Tecnologia de Minas Gerais (IFMG, campus Formiga), Centro Federal de Educação Tecnológica de Minas Gerais (Cefet-MG, unidade Belo Horizonte), Universidade Federal de Minas Gerais (UFMG)...

Fosse listar todos os nomes, nem os papiros da Biblioteca de Alexandria comportariam esses agradecimentos. Ressalto, entretanto, alguns, com o propósito de reconhecer, neles, todas as pessoas e condições que inspiraram e viabilizaram essa publicação.

Em meio a tarefas, aulas, pesquisas, reuniões, atividades profissionais, compromissos pessoais, esses colegas toparam o desafio de ler, atentamente, o original de *Perguntas da História*. Emitiram opiniões que se tornaram cruciais para o aprimoramento do material. Tentei aproveitar ao máximo essa privilegiada interlocução, embora nem sempre tenha conseguido incorporar todas as ponderações e sugestões. Claro, a visão de mundo e as imperfeições que porventura possa haver são de inteira e exclusiva responsabilidade minha. Matusalém de Brito Duarte foi um dos mais entusiasmados avaliadores do plano. Suas reações em torno da ideia geral e de alguns poemas em particular foram muito encorajadoras. Daniela Passos, com seu olhar perspicaz, questionou se não seria interessante contextualizar mais os poemas. Daí surgiu a ideia de elaborar as anotações que antecedem cada título. Fabrício Vinhas Manini Ângelo fez-me pensar em outras possibilidades de exploração das figuras de linguagem e de organização gráfica e textual. Leandro Braga de Andrade fez um dos comentários mais certeiros: "Do ponto de vista da poesia, tem palavras muito acadêmicas, mas do ponto de vista acadêmico, está bem poético. Então, eu acho que está dentro da sua proposta, não é mesmo?". Guilherme Batista Amaral foi terno e minucioso em seus registros, deixando entrever o grande mestre que é. Sem seus apontamentos, alguns dos melhores poemas não teriam se consolidado. Marcos Ferreira de Andrade assinalou a oportunidade de empreender outras abordagens e perspectivas, bem como de preencher algumas ausências temáticas. Tentei assimilar suas impressões e me pus a pensar sobre a hipótese de um segundo volume de *Perguntas da História*. Ao ler e comparar as falas de Erika Morais Cerqueira, Bruno Nascimento Campos e Isis Pimentel de

Castro, que assinalaram preferências distintas, percebi quão rica e variada poderia ser a recepção de uma obra.

Silvia Maria Jardim Brügger, com quem tanto aprendi os passos do ofício de historiador, também sinalizou de forma positiva para a iniciativa. Por meio dela, retomei o contato com Cássia Louro Palha, outra referência em minha formação profissional. Cássia, ao aceitar com prontidão o convite para escrever o texto das abas da capa, deixou-me sobremaneira lisonjeado. Douglas Attila Marcelino, outrossim, enriqueceu o volume ao acolher com satisfação o esforço de elaborar o texto para a quarta capa. De modo similar, Miriam Hermeto considerou com muita generosidade o convite para escrever o prefácio. Essas contribuições deram cores especiais ao livro e presentearam os leitores com brilhantismo, sutileza e erudição. Ao lê-las, tive a sensação de que, em meio às intempéries, "o sol nasce para todos, só não sabe quem não quer", como canta Renato Russo.

Na Livraria do Ouvidor, em Belo Horizonte, "descobri" Simone Pessoa, amante das letras, tão talentosa e acolhedora, que me senti recompensado de simplesmente poder colocar o original sob seu crivo. Ainda na rua Fernandes Tourinho, contei com a receptividade da equipe da Livraria Scriptum, comandada por Welbert Belfort, com os ligeiros, mas significativos contatos com Wagner Moreira, Rogério Barbosa da Silva, Mário Alex Rosa e Silvano Moreira, bem como com a simpatia de Raíssa e de Patrick. Cláudia Masini, da Livraria Quixote, unidade UFMG, assessorada por Margaret dos Santos, também testemunhou, com alegria e paciência, parte de minhas dúvidas e expectativas sobre a arte de publicar um livro.

Ao ingressar no Programa de Pós-Graduação em História

da Universidade Federal de Minas Gerais (UFMG), tive a felicidade de conviver com muitos colegas e frequentar o pensamento e o trabalho dos professores doutores Adriane Aparecida Vidal Costa, Douglas Attila Marcelino, Fernando Catroga e Heloísa Starling, cujos cursos, ministrados no decorrer do ano de 2017, foram indispensáveis para o impulso da obra em pauta.

Por intermédio e fineza de Juliana Veloso Mendes de Freitas, estabeleci contato com Ana Amélia Neubern Batista dos Reis, *mahatma*, a qual, mesmo sem ter visualizado uma prévia de *Perguntas da História*, de alguma forma esteve presente e cooperou em diferentes instantes do trajeto. Intuição semelhante vivenciei ao me lembrar, em muitos momentos, dos poetas Júlio Satyro e Bella Mendes.

James Willian Goodwin Júnior, Josemir Nogueira Teixeira, Juliana Lemos Piquerotti e Flávia Campany do Amaral também receberam com interesse o original. Juliana Grego soube aquilatar a importância dessa atividade para meu bem-estar. Ao concluir a apresentação de meu outro livro, *O drama social da abolição*, Keila Grinberg exclamou: "Que venham os próximos!". O *Perguntas da História* resulta também desse incentivo.

Apesar de toda essa rede de sociabilidade, a transformação do original em livro dificilmente seria alcançada sem o apoio de dois elementos essenciais, a saber: o Cefet-MG e a Editora Labrador. O primeiro é o *locus* de exercício da profissão, instigando e fornecendo condições adequadas de trabalho. Na figura de Carla Simone Chamon, diretora de Educação Profissional e Tecnológica e colega do Departamento de Geografia e História, saúdo os que fizeram e fazem parte dessa instituição, comprometida com a luta por excelência e inclusão.

Quanto à Editora Labrador, para além de todas as informações fornecidas, a abordagem atenciosa, dinâmica e, sobretudo, humana de Stephanie Winkler foi decisiva. Diana Szylit coordenou com dedicação, acuidade e competência todo o processo editorial. Felipe Rosa criou uma bela capa, que captou o espírito da obra. Daniel Pinsky, Rosangela Silva e os demais membros da confraria, sempre muito solícitos. Contei com um time extremamente qualificado e comprometido com a produção do livro, cujo perfil foi agraciado com um tesouro: as ilustrações de Anna Brandão.

Enfim, a todas e a todos que participaram dessa jornada histórico-poética, que, para além de quaisquer barreiras, apostaram e ainda apostam suas vidas na capacidade humana de realizar sonhos e de nutrir utopias, agradeço como quem oferece uma flor perfumada e perene: muito obrigado!